'가정에서 실천하는 현실적인 '부자 되기' 방법'

세계 제일 부자는 그냥 되는 것이 아닙니다.
부자들은 돈을 모으기 위해
기상천외한 방법을 쓰는 것도 아니라고 합니다.
보통 사람들이 대부분 한탕주의에 빠져 급행열차를 타고 갈 때
그들은 완행열차를 타고 가면서 여유롭게 돈을 모아 두었다가
기회가 오면 맹수같이 목표물을 향해 간다고 합니다.

부자들이란 바로 철저한 재산 관리를 통해
불필요한 지출을 최소화 하고
돈의 효율성을 높인 사람들인 것입니다.

작은 것부터 소중하게 여기고 관심을 갖는다면
이미 부자의 길로 들어선 것과 다름없습니다.
부자되는 그 날까지…

항상 건강하고 행복하세요.

미국 CNN머니에서 발표한 부자되기 프로젝트 공개

$

부자가 되기 위한 35 가지 수칙

이원준 편역

부자 만들기 위하어

부자가 되기 위한 방법이 따로 있거나 먼 곳에 있어 성공하지 못하는 것이 아니다. 주변을 조금만 돌아보아도 생각의 전환만으로도 우리는 얼마든지 그 방법과 친해질 수 있으며 누구나 부자가 될 수 있다. 하지만 발견하고 이해하고도 실천하지 못해 멀다고 느끼고 불가능한 것이라며 지레 겁을 먹는 것이다.

최근 미국 CNN머니에서 부자가 되기 위한 행동 수칙을 발표한 적이 있다. 집 안에 굴러다니는 동전마저도 가치 있게 생각하고, 생활의 지혜를 동원해 절약할 수 있는 부분들을 찾으라고 한다. 또한 값비싼 기름을 차에 쏟아 붓지 말고 사치하는 친구와도 거리를 두라고 충고한다. 자식과 자신의 은퇴 후 대비는 미리부터 시작하고 평소 건강을 챙기는 등 자기관리에도 소홀히 하지 말 것을 권한다.

부자는 일확천금의 노예가 아니라 현실에서의 부지런함과 알뜰함으로 세상을 경영하는 사람이 되어야 한다는 것이다. 하지만 무조건 절약하고 인정마저 없는 사람이 아니라, 점심값

정도는 필요에 따라 낼 수 있고 자선 단체에 기부도 마다하지 않는 사람이다. 또한 자신의 발전을 위해서는 시간 관리를 철저하게 하며, 필요한 모든 소프트웨어를 찾고 구입하며, 오래 저장해 둘 것과 삭제할 것을 구별할 줄 아는 현명함이 부자로 남는 방법이다. 그밖에도 집값을 올릴 수 있는 저렴한 비용의 실속 있는 리모델링과 주식투자의 기본자세 그리고 꼼꼼한 가계부와 다이어리의 작성 요령까지 재테크를 포함한 부자로 가는 다양한 과정들을 다루었다.

발표된 그대로에 충실하고자 했지만 부분적으로 우리와는 달리 금융이나 생활방식 등에서 오는 거리감이 있어 수정작업이 필요했다.

보다 우리의 현실에 맞게 삭제와 수정 그리고 첨가를 했으며, 때로는 도움이 될 수 있는 부분들은 새롭게 추가 하였다.

또한 실생활에 맞고 활용될 수 있도록 정리하여 보다 쉽게 이해되고 실천의 효과가 빠르도록 재구성을 하였다.

1 집에서 할 수 있는 재테크 행동수칙

2 돈 관리를 위한 행동수칙

3 절약 실천을 위한 행동수칙

1

집에서 할 수 있는
재테크 행동수칙

01 집안을 꾸미는 것도 재테크이다

대문 안에서 집주인이 열심히 마당을 쓸고 잡초를 뽑고 있다면 당신은 어떤 생각이 드는가?

아무도 들여다보지 않는 자기 집에서 왜 그토록 정성을 다할까 하고 고개를 갸웃거렸다면 부자가 될 가능성이 일단 적다. 그런 사람이라면 집주인이 마당이 아닌 거실이나 안방에서 화병을 바꾸고 커튼을 새로 달고 문틀에 페인트칠을 새로 하는 것마저 이상한 눈으로 바라볼지도 모른다.

자신의 집안을 가꾸는 것은 외형을 새롭게 하는 의미와 함께 더 큰 소득과 만족을 보장한다. 우선 개선되고 정돈된 환경에 시각적인 즐거움은 물론 심리적으로도 안정된다. 그리고 행여 집을 팔려고 작정한 상황이라면 어떤 효과가 있을까? 굳이 설명하지 않아도 답은 명확하다. 상처 자국처럼 군데군데 페인트가 벗겨진 문에 거미줄까지 치렁치렁한 벽 구석을 발견했다면 누구든 그 집을 사려고 하지 않을 것이다. 물론 집을 매입해 자신의 취향대로 꾸미고 변경할 수도 있겠지만, 우리의 정서로는 일단 '보기 좋은 떡' 부터 찾지 않을까. 집안을 꾸미는 것은 적은 비용으로 집값을 올리기 위한 일종의 환경조성이자 가치창출인 셈이다. 특히 집을 보러 온 사람들이 가장 먼저 확인하는 곳이 주방과 화장실임을 알아야 한다. 가장 사용을 많이 하는 공간이라 그렇고 수도와 배수 상태들을 체크해볼 수 있는 기준이 되기도 한다. 또한 그 집의 청결함의 표본으로 삼을 수도 있다. 무심코 지나칠 수 있는 화장실 문의 녹슨 경첩이 옥에 티로 작용될 수 있다.

우리가 외출할 때 화장과 입을 옷에 신경을 쓰고 몇 번이고 망설이는 것은 결국 자신보다는 남들의 시선 때문일 수 있다. 전혀 모르는 사람이라도 호감이 가는 모습으로 그 앞을 지나치고 싶은 심리이다. 행여 그들과 인연이 닿아 교감을 나누게 된다면 첫인상 때문에 관계가 달라질 수도 있기 때문이다.

집도 마찬가지다. 손님이든 아니면 집을 사려고 찾아온 사람이든 첫인상은 주인의 그것과 마찬가지로 중요하다.

지금부터 집 안팎을 살피며 개선하고 다듬고 덧씌워야 하는 부분들을 찾아보는 것이 집에서 할 수 있는 기본적인 재테크임을 명심하자.

02 가족을 위한 저축통장을 따로 만들어라

'가족통장'을 만들어 자녀의 교육비나 신용카드의 부채 등을 갚는 데만 사용한다. 그러나 이 통장으로 비싼 가전제품을 사거나 휴가비용을 쓰는 데 이용해서는 안 된다.

우리가 어떤 일을 시작할 때, 혹은 개인적으로 다이어리를 샀을 때 가장 중요한 것은 '명분'이고 '제목'이다.

쉽게 말해 이 일은 반드시 무엇을 위해 시작한다든지 하는 구체적인 이유를 머리띠처럼 두르는 것이다.

다이어리처럼 통장에도 그에 맞는 제목을 적어놓는 것이 유익하다. 그러지 않고 막연한 상태에서 되는대로 추진하고 상황을 보면서 결정하겠다는 것은 시간과 돈의 낭비다.

가족을 위해 통장을 만들었다면 '가족을 위한' 일임을 잊지 말자는 것이다.

요즘은 자녀들의 학교에서 필요한 비용은 대부분 자동이체가 되고 있다.

학교운영비와 급식비 그리고 수련회비 등 모두가 지정통

장에서 빠져나가니 '가족통장'을 이용하는 것이 좋다.

신용카드의 결제나 부채가 있다면 역시 '가족통장'으로 따로 관리하는 것이 현명하다. 그렇지 않고 집 안에 하나뿐인 통장으로 신용카드 결제와 부채는 물론, 각종 공과금과 생활비 그리고 자녀에게 필요한 교육비까지 관리하는 것은 합리적이지 못하다.

다시 한 번 강조할 점은 '가족통장'을 엉뚱한 곳에 사용해서는 안 된다는 것이다.

행여 카드결제나 교육비 목적으로 모아놓은 돈으로 충동적으로 신형 가전제품을 사서는 안 된다. 또한 휴가비용이나 투자 등 재테크를 목적으로 하는 곳에 사용하는 것도 금물이다.

가정에서 가장 중요한 것은 바로 가족이다. 그런 만큼 '가족통장'의 관리는 무엇보다 소중하고 신중할 필요가 있다.

'가족을 위한 통장'으로 정해놓았다면 절대 다른 용도로 쓰지 않겠다는 각오가 필요하다.

그러자면 최소한 집 안에 두 세 개 정도의 통장을 만들어 그에 맞고 합리적인 관리가 될 수 있도록 하는 것이 좋다.

언제 어디서 돈이 빠져나갔는지 혹은 잔액이 얼마나 남았는지조차 모를 정도로 필요 이상으로 통장이 많거나, 반대로 오직 하나만으로 모든 것을 관리할 수는 없다.

'가족통장'이 있다면 그것을 집어들 때마다 '우리 가족을 위한 돈을 저축하는' 통장임을 상기하고 자각할 수 있다.

가족을 위한 통장은 그래서 적어도 그것을 통해 몇 가지 일들을 확실하게 관리하고 처리할 수 있는 장점이 있는 것이다.

적절한 구분과 관리는 합리적인 결과를 보고자 하는 부자들의 기본자세 중 하나이다.

03 집안의 온도가 통장의 무게를 바꾼다

조금만 추워도 보일러 온도를 높이거나, 덥다고 에어컨부터 켰다면 이런 습관부터 고쳐야 한다. 적정한 실내온도를 조절하는 일은 계절 및 외부온도와 밀접한 관계가 있다.

하지만 여름철에는 18도, 겨울철에는 24도 내외가 가장 적정하다고 한다. 물론 사람의 체질과 집의 구조에 따라 조금씩 차이는 있겠지만, 얼마든지 효율적이고 지혜로운 방법으로 대처할 수가 있다.

여름철 실내온도를 18도 내외로 유지했는데도 덥다고 해서 에어컨 리모컨부터 찾으면 안 된다. 거실일 경우 동시에 선풍기 한 대를 더 활용해 에어컨 가동시간을 평소보다 줄이는 방법이 있다. 그리고 웬만한 더위쯤은 미리 샤워를 해서 날리거나 선풍기를 이용하겠다는 자세가 더 중요하다.

겨울철 난방이 가장 신경이 쓰인다. 하지만 요즘은 보일러 조절기에 보면 계절표시가 되어 있거나 자동 온도조절 장치가 되어 있다. 또한 취침 시와 외출 시 그리고 절약타이머 등

눈여겨 보면 상황에 따른 온도 조절을 선택할 수가 있다.

집안 온도를 조금만 낮춰도 전기료는 눈에 띄게 줄어든 것을 확인할 수 있다.

물론 특별한 경우, 체질적으로 추위를 많이 탄다거나 집안에 노약자가 있어 어쩔 수 없이 따뜻한 집안을 유지해야만 할 때도 있다.

하지만 이 역시도 조금만 지혜를 발휘하면 얼마든지 해결될 수 있다. 노약자의 경우 겨울철 필수품인 내복을 입고 있는지부터 체크하고 챙기는 것이다. 물론 체질적으로 추위에 약한 사람도 마찬가지다.

겨울철 외출 시에 모자 하나만 써도 반팔 티셔츠 하나를 더 껴입은 효과를 본다고 한다. 집안에서 모자를 쓰고 생활할 수는 없지만, 내복을 입거나 털실로 짠 조끼 혹은 가벼운 가디건 정도를 걸쳐주는 것도 바람직하다.

그리고 먼저 실천되어야 할 것은 집안에 온도계를 구비해 두는 일이다. 그래서 시간이 날 때마다 온도를 체크하며 적절한 실내온도를 유지하고 환기하는 것을 잊지 않는다면, 감기 예방은 물론 곰팡이 걱정도 덜 수 있다.

2

돈 관리를 위한
행동수칙

04 자녀의 대학 등록금은
지금부터 준비하라

사회생활의 준비 기간이자 초년병 시절인 20대는 자신의 눈앞에 있는 목적에만 정력을 쏟아 붓는다. 30대가 넘어서면 결혼과 함께 안정적인 삶을 위한 시간에 또 매달린다. 비로소 40대를 지나야 어느 정도 자리가 잡히지만, 노후생활에 대한 설계라는 덫이 또 발목을 잡는다.

이때 노후생활에 대한 구체적인 절실함과 함께 불거지는 것이 자식에 대한 막연한 걱정이다. 자녀들은 아직 학생일 경우가 대부분이라 모든 뒷감당은 부모들이 책임져야 한다. 그렇다고 재산이 많아 고액과외를 시키고 학원을 보내고 대학 등록금 걱정 없으니 그저 '건강하게만 자라다오!' 만을 외칠 수 있는 입장도 아니다.

자녀에 대한 투자는 일찍부터 하는 것이 좋다

남길 재산도 그렇다고 모아둔 돈도 없는 입장이라면 자녀가 유치원에 들어갈 무렵부터 통장 하나를 만드는 것이다. 자녀 이름으로 된 통장에 정기적으로 '자식의 미래'를 위한 준비금을 모으는 것이다.

6세의 자녀가 유치원에 입학했다면 매달 6만원을 통장에 넣는 것이다. 7세부터는 7만원씩 해서 자녀가 대학에 들어갈 무렵인 19세까지 꾸준하게 저축을 한다면 이천만원이 조금 넘는 액수가 된다. 최소한 자식이 대학에 들어갈 경우 4학기 정도의 등록금은 되는 셈이다.

물론 예를 든 것이라 능력에 따라 그리고 방식에 따라 더 늘어날 수도 있다. 6세부터 한 달에 60만원씩 저축을 할 수도 있다.

그런 골치 아픈 계산까지 들먹일 필요가 없다고 하는 재산가도 사정은 마찬가지다. 만약에 자녀에게 물려줄 부동산 등 재산이 있는 경우 증여세에 대한 걱정이 적지 않기 때문이다. 그런 걱정마저 해소시켜줄 수 있는 것이 빠른 준비이고 실천이다.

세상은 준비하는 자에게만이 기회를 주며, 부자는 바로 준비성을 오래 전부터 몸에 익혀온 사람들이다.

05 가계부는 부자들의 필수품이다

부자들의 공통점 가운데 하나는 그날그날의 수입과 지출에 대해 꼼꼼하게 기록한다는 것이다.

단순히 생각해도 하루하루 자신과 연관된 일들을 기록한다는 것은 소중한 자산임에 틀림없다.

초등학교 시절 매일매일 빠짐없이 쓴 일기는 훗날 자신의 추억을 떠올리게 할 수 있는 기특한 메모이지 않은가.

금전에 관련된 기록을 남긴다는 것에도 소중한 가치와 의미가 있음을 명심해야 한다. 우선 십 원이라도 누락되지 않게 기록하겠다는 정신이 필요하다.

그런 마음가짐으로 가계부를 펼치면 이미 누구라도 부자가 될 수 있는 절반의 자세는 갖춘 셈이다.

지금은 책자로 된 가계부보다는 인터넷을 통해 전자가계부 프로그램을 다운받을 수 있으니 그쪽을 선택하는 것이 좋다. 하루하루의 기록과 함께 월간 그리고 연간 지출내역 등을 한눈에 볼 수 있도록 하는 것이 현명하다.

전자가계부는 거래하고 있는 은행계좌를 미리 등록해 두면 자동으로 거래내용을 가져와 가계부를 정리해 주는 프로그램이다. 수입과 지출에 대한 계획을 효과적으로 세울 수 있고 관리할 수 있다는 장점이 있다.

뿐만 아니라 본인의 카드나 통장 그리고 가족들 소유의 것들까지 함께 등록할 수 있다. 그러면 가족 전체의 수입과 지출까지도 관리할 수 있다.

또한 예금과 적금은 물론 주식 등 소유한 모든 금융자산까지도 한눈에 정리할 수 있다.

중요한 것은 어떤 형태의 가계부이든 반드시 가까운 곳에 비치해두고 매일 활용하는 자세가 급선무라는 것이다.

정말 부자가 되고 싶다면 가장 비용이 적게 드는 일부터 실천하는 것이 바람직하다.

어떤 일이든 실천하는 자가 성공하며 그가 바로 부자인 것이다.

06 자동이체를 이용하라

자동이체를 권장하는 가장 큰 이유이자 장점은 연체금이 붙거나 이중수납에서 오는 손해를 막는 데 있다. 그리고 직접 시간을 내어 은행을 가야하는 번거로움을 덜어주기도 한다.

우리가 한 달이면 받아보는 공과금 고지서는 생각에 따라 다르겠지만 대부분 벅차게 여겨질 때가 더 많다. 그것을 일일이 챙기고 납부하는 일을 하루에 몰아서 할 경우 머리가 아플 지경이다.

전화요금과 휴대폰요금 그리고 전기, 의료보험, 도시가스, 상하수도, 신문대금에 케이블TV 요금까지.

그런데 고지서가 날아오는 날짜도 다르고 그중 몇 개만 미납되어도 계산하기 복잡할 정도가 되기도 한다. 전달의 미납 요금에 연체료까지 계산되어 있어 여간 골칫거리가 아닐 수 없다.

자동이체를 이용하면 최소한 그런 골머리는 썩이지 않아도 된다. 적은 금액이라도 연체금이 발생된다는 것은 결국 손실이므로 사전에 대비하는 것이 현명하다. 모든 공과금은 물론 관리비까지 자동이체로 전환해 연체료를 막고 예산을 짜는 데 보다 편리하게 만들어야 한다.

그런데 자동이체를 하고 싶어도 자동납부일이 같지 않아 관리하는 데 완벽한 것만은 아니다. 이왕이면 같은 날짜에 몰아서 해결하고 싶어도 선택의 폭이 넓지 않아 불편한 면도 있다.

그렇다면 신용카드로 자동이체를 하는 방법이 있다. 신용 카드의 결제 날짜만 알고 있으면 우선 위와 같은 걱정에서 벗어난다.

자동이체의 납부 기일을 일일이 체크하지 못해 발생되는 미납도 막을 수 있다. 또한 모든 카드가 그렇지는 않지만 할인혜택을 받을 수 있는 경우도 있다. 또한 자동이체를 할 경우 많지는 않지만 우대금리를 1년간 받을 수 있는 은행의 금융상품도 있다.

완벽한 재테크를 위해 자신이 철저히 관리하는 것은 기본이다.

그런 사람이라면 그때그때 날아든 공과금 고지서를 차곡차곡 모았다가 제 날짜에 납부를 할 것이다. 하지만 그에 따르는 시간낭비와 행여 있을 수 있는 착오를 막기 위해서는 자동이체를 선택하는 것도 재테크의 기본이다.

모든 일을 정돈과 시간 엄수 그리고 기억력만으로 경영할 수는 없다.

때에 따라서는 어떤 것이 자신에게 이익이고 얼마만큼의 시간을 벌 수 있을지를 고민하는 것도, 부자를 만드는 지름길임을 알아야 한다.

07 알뜰생활을 기쁘게 하는 패키지 상품을 노려라

패키지(package)는 우편물이란 의미로 원래는 철도화물 가운데 화물차 이외의 열차, 즉 여객 열차와 소화물 열차 등으로 신속한 수송을 필요로 하는 소형화물을 뜻한다. 또한 물건을 보호하거나 수송하기 위한 포장이나 묶음 또는 짐 등의 의미도 있다. 그러나 소비자 특히 알뜰한 당신이라면 반드시 챙겨야 하는 의미로 각인하고 있어야 한다.

물론 그중에는 거품이나 받지 않아도 좋았을 허물뿐인 것들도 있을지 모른다. 하지만 굴러가는 개똥과 발에 차이는 돌멩이도 언젠가는 쓸모가 있다는 정신은 버려서는 안 된다.

패키지라는 단어를 떠올렸을 때 가장 먼저 생각나는 것은 여행사에서 주관하는 여행패키지가 아닐까. 특히 해외여행을 계획했을 때 단독보다는 여행사를 통한 패키지 상품 쪽으로 눈길이 가는 이유는 일단 언어문제 때문이다.

가이드가 있어 모든 일정을 처리하고 안내해주기 때문에 안

심이 된다. 또한 해외여행의 경험이 없을 경우 어떻게 준비를 해야 하는지 도움을 받을 수도 있다. 여행사가 각종 교통편과 숙박 그리고 기타 편의시설의 이용 및 비용을 주관하기 때문에 편리하고 고민할 필요가 없다는 장점도 있다. 간혹 일방적인 행선지 변경과 바가지 쇼핑 등으로 무리는 빚고 있지만 잘만 이용하면 후회 없는 여행이 될 수 있다.

시내통화는 물론 장거리 등으로 한 달에 들어가는 통신요금이 적지 않은 경우가 많다. 거기에 케이블 TV와 인터넷 요금까지 합치면 생활비 가운데 큰 비중을 차지할 정도로 부담이 되기도 한다. 요즘은 각 통신사들이 그런 모든 서비스를 한데 묶어 가격을 할인해 주는 패키지 상품을 내놓고 있다.

문제는 숲을 보지 말고 나무를 먼저 보라는 것이다. 주식투자에서는 나무보다는 전체의 흐름과 시황을 먼저 살피라는 뜻에서 그 반대의 격언을 쓰기는 한다. 하지만 자신이 원하는 상품이 목적이지 그것을 포장하고 치장하는 것에 현혹되어서는 안 된다. 오히려 숲에 가려 진정한 상품을 발견해내지 못할 수도 있기 때문이다. 정말 현명한 사람은 화려한 포장은 없지만 자신에게 꼭 필요한 상품만을 고를 줄 하는 것이다.

08 당신의 신용은 몇 점입니까?

인터넷을 이용하면서 확인하게 되는 것이 자신에 대한 등급이다. 메일을 확인하다가 또는 쇼핑몰을 이용하다가도 하루하루 달라진 등급과 만나게 된다.

예를 들어 메일을 자주 이용한 사람에게는 마일리지가 그만큼 쌓여 등급이 올라간다. 또한 한 쇼핑몰에서 자주 상품을 구매했을 경우 일반에서 우수고객 등의 등급으로 상향 조정된다. 그에 따른 이익과 편의제공이 있어 어떤 사람은 매일매일 자신의 등급을 확인하는 것으로 하루 일과를 시작할 정도이다.

그렇다면 정작 본인에 대한 신용 점수는 얼마나 되며 어디서 확인받을 수 있는 것인가?

개인 신용정보회사를 통해 자신의 신용 점수를 정기적으로 확인받는 것이 현명하다. 사회는 신용으로 연결되고, 그 하나만으로도 자신의 길이 정해질 수도 있는 현실이다. 그렇다면 자신의 신용은 어디서 확인하는가.

개인 신용정보회사(Credit Bureau)에 의뢰하면 신원확인은 물론 신용불량의 여부도 알아볼 수 있다. 신용평가사의 경우는 회원으로 등록하고 연회비를 내야한다는 번거로움이 있다. 그러나 KCB, 즉 한국 개인신용(주)의 경우 정보 이용료 5천 원 정도만 내면 간단하게 서비스를 받을 수 있다. KCB는 국민 · 외환 · 우리 · 신한 · 하나은행과 농협 그리고 삼성 · 현대 · LG카드 등 주요 금융회사가 출자해 만든 개인 신용정보회사이다. 이를 통해 자신의 신용점수는 과연 몇 점이고, 신용도는 전체 국민 가운데 어느 정도의 비율에 속하는지를 속 시원하게 알아볼 수 있다. 오랜 시간을 공을 들여 어떤 시험에 대비한 사람은 그 결과에 대한 기대감에 밤잠을 이루지 못한다. 또 상대를 처음 만나고 비즈니스를 막 시작하려는 사람 역시 자신을 어떻게 평가했는지 궁금해진다. 긍정적인 결과나 평가가 나왔을 때의 희열을 잘 알고 바라기 때문이다.

정기적으로 자신에 대한 신용도를 확인받는 것은 개선과 발전을 위한 노력이다. 결과에 따라 반성과 함께 개선의 노력을 할 수 있고, 또한 더욱 커진 자신감으로 새로운 일을 시작할 수 있는 추진력을 얻는 일이기도 하다.

09 나중을 위해 지금부터 준비하라

안목이 있는 사람의 경우 설계도면도 없이 뚝딱 하고 웬만한 집 한 채를 짓기도 한다. 그러나 그런 사람은 특별한 경우이고 전문적인 설계사의 도움을 통해야 완벽하고 만족스러운 나만의 집이 탄생되는 것이다.

자신의 삶을 경영하는 것은 본인 스스로지만 은퇴 뒤까지 확실히 책임질 수는 없다. 은퇴 후를 위해 자신만의 전담 금융설계사를 두라는 충고를 새겨들어야 한다.

금융설계사들이 강조하는 것은 '재정설계'이다. 그런데 다른 전문가들은 그것을 포함한 은퇴 후, 늘어난 시간에 대한 심리적인 부분과 육체적인 부분까지 총괄하는 연구가 필요하다고 지적한다.

어쨌든 은퇴 후 소유한 돈과 함께 남은 시간을 어떻게 설계하여 활용할지가 중요한 것만은 사실이다. 재정설계는 물론 시간, 여가, 건강, 심리적 안정 등을 포함한 포괄적 관리가 잘 이루어져야 한다.

은퇴는 마지막이 아니라 또 다른 시작이다. 그런데 대부분의 사람들은 누구에게나 닥칠 현실에 대한 대비를 소홀하게 하고 있는 편이다. 당장의 문제가 아니라 언젠가 발생될 문제이고 행여 우려와는 달리 좋은 쪽으로 펼쳐질지 모른다는 막연한 기대감도 그것에 동조를 한다.

하지만 은퇴를 인생의 황혼기가 아니라 자신만의 '눈부신 실버'로 만들기 위해서는 철저한 준비가 필요하다.

은퇴를 한 후 쓸 수 있는 생활자금을 만들기 위해 일 년에 얼마의 돈을 저축해야 하는지부터 계산하라. 예를 들어 지금 받고 있는 월급이나 수입의 10% 혹은 20%라고 미리 정해놓고 그것을 준수하면 된다.

은퇴의 시기가 얼마 남지 않았다면 그 비율을 조정하고 그 반대라면 서둘러 실천해야 한다. 자신이 세운 목표금액을 채우기 위해서는 빠를수록 부담감이 줄어들기 때문이다.

혼자서는 튼튼하고 만족스러운 집을 지을 수 없듯이, 은퇴 후 안정적인 삶을 위한 전문가의 도움이 필요하다면 망설일 필요는 없다.

3

절약 실천을 위한
행동수칙

10 수입과 지출을 항상 생각하라

수입과 지출은 어느 것 하나 소홀히 할 수 없는 불가분의 관계이다. 그러나 어느 쪽에 더 비중을 두고 분석하고 관리하느냐에 따라서 결과는 달라진다.

결국 지출보다 수입을 많게 하기 위해 일을 하고 재테크를 하는 것이다. 아니면 지출을 적게 하여 부족한 수입으로 인한 고통을 줄여야 한다. 그런데 문제는 지출에 대한 관리가 생각보다 쉽지가 않다는 점이다.

지출항목부터 정리하고 필요 없는 것은 삭제해야 한다. 욕심과 과소비는 끝이 없어 한 번 시작된 무분별한 사들이기와 씀씀이는 한순간에 가정경제를 무너뜨릴 수 있다.

소비의 정도는 행복과 비례하지 않는다고 한다. 윤택한 생활이 소비에서부터 시작된다는 생각부터 뜯어고치고 자신에게 맞는 범위를 정하는 것이 급선무다. 한 번 시작된 무분별한 씀씀이는 중독성이 강해 나중에는 걷잡을 수 없을 만큼 커진다.

앞서 말한 것처럼 무엇보다 중요한 것은 가계부 쓰기다.

한정된 수입이 과연 어디로 얼마만큼 지출되고 있는지부터 파악하는 것이다. 꾸준하게 서너 달만 기록하다보면 한 달 동안 필수적으로 지출되는 주요 항목과 그렇지 못한 항목이 구별된다. 그리고 가감을 할 수 있는 항목 역시 발견되므로 보다 안정적인 가계를 만들어갈 수 있다.

단순히 형편이 닿는 범위 안에서만 지출을 하겠다는 것은 결코 발전이 아니다. 늘 똑같은 수입인데 하루하루 달라지는 물가와 예정에도 없는 지출까지 생긴다면 현실적으로는 고통일 수밖에 없다.

모아놓은 재산이나 당장 발등의 불을 꺼줄 묘안이 없는 이상 현명한 방법만이 그 고통을 줄일 수 있다.

더군다나 자녀들은 성장해 가는데 언제까지나 있는 형편만을 고집하며 똑같은 반찬과 옷만을 내밀 것인가.

수입을 늘일 수 없다면 결국 지출을 줄여야 하는 것은 당연하다.

그러자면 가계부와 함께 매사에 절약하고 아낀다는 마음가짐도 다져야 할 것이다.

11 집안에 방치된 동전들을 주목하라

어수선하고 복잡하게 돌아가는 세상이라 그만큼 티와 먼지라는 '티끌' 도 많아졌다.

그래서 일까, 너무 흔해져서 우리들 정서에 오랜 터줏대감이나 지주로 굴림하던 '티끌 모아 태산' 이라는 속담도 무색해졌다.

티끌이 흔해져 쉽게 발에 차이고 있다면 더욱 주목하는 것이 부자들의 생활철학이다.

마트는 물론 동네 작은 슈퍼에서도 할인을 하고 있어 오백 원짜리 빙과류 하나만 사도 10원 혹은 20원을 거스름돈으로 내준다. 공과금을 내고 나서도 10원짜리는 물론 50원짜리도 영수증과 함께 받아 쥐게 된다.

이래저래 모인 동전들은 쓸모없다는 생각에 서랍이나 집 안 곳곳에 방치해 두게 된다. 더러는 황금 돼지저금통 하나씩 구비해 동전이 생기는 대로 저금을 하기도 한다.

그러나 대부분은 집안 곳곳을 굴러다니거나 장롱 밑에 숨어 보이지 않게 되는 것이 동전이다.

그중에서도 10원짜리에 대한 인식은 너무나 가볍다. 50원 짜리는 열 개만 모아도 아이들 과자 값 정도는 되기에 간혹 활용하기도 한다. 하지만 10원짜리는 정말 애물단지다.

그러나 10원짜리 동전에도 관심을 갖겠다는 마음가짐이 부자 만들기를 앞당길 수 있다.

집안 구석구석에 처박혀 세월의 때만 입고 있는 동 전들을 찾아내 한곳에 모으는 일부터 시작하라.

그리고 앞으로 생기는 동전은 무조건 한 곳에 모은다는 다 짐이 필요하다. 현관 신발장 위에 작은 접시 하나를 두고 외 출해서 들어올 때마다 버스비 내듯 동전을 담는 습관을 들이 는 것도 좋다.

개인적으로 책상 서랍에는 네 개의 크기가 다른 유리그릇 이 있다. 그 안에 10원, 50원, 100원, 500원짜리 동전을 생길 때마다 분류해 넣어두고는 한다.

서랍을 열 때마다 큰 액수는 아니지만 하루하루 늘어나는 것을 보는 재미도 쏠쏠하다.

앞에서 언급했듯이 저금통 하나를 마련하는 것도 방법이

다. 중요한 것은 모든 일이 그렇듯 철저한 실천이다.

최근 한때 10원짜리에 대한 가치평가가 유행처럼 번진 적이 있다. 1966년에 발행된 10원짜리 동전의 경우 지금은 1,000원 내외의 가치로 평가되고 있기도 하다.

그러나 정말 희소가치가 있는 동전은 찾아볼 수 없고 나머지는 액면가 그대로이다.

중요한 것은 동전의 가치가 달라지는 것이 아니라 그것을 바라보는 사람의 인식이다.

10원짜리 동전 하나에도 소중함을 부여하고 알뜰하게 모은다는 정신이 있다면 그 이상의 가치는 분명 받게 된다. 티끌 모아 태산의 정신은 변할 수 없는 진리로 인식해야 한다.

12 전기요금은 절약하기 나름이다

전기요금을 절약하기 위해서 가장 먼저 실천해야 할 것은, 우선 필요 없는 플러그를 콘센트에서 뽑아두는 것이다.

그 다음 집안에 있는 각종 전자제품을 살펴보면서 하나하나 그에 맞는 절약방법을 물색 해보자.

가장 많은 시간과 함께 하는 것이 텔레비전이다. 하루 평균 4~5시간 정도는 그 앞에서 시청을 하고 있는 것이 현실이다.

우선 필요한 프로그램만 시청하고 텔레비전을 끄며 이때도 플러그는 꼭 뽑아두는 습관을 들여야 한다.

어른들은 스포츠 중계와 드라마, 자녀들에게는 다큐멘터리와 교육방송 등으로 제한을 하여 엄수해야 한다. 또한 화면을 필요 이상으로 밝게 지정하거나 볼륨을 높이는 것도 전력소모의 주범이다.

냉장고의 경우 전력소모의 원인은 필요 이상으로 음식물을 많이 넣거나 문을 자주 여닫는 데서 발생한다.

음식물은 냉장고 용량의 70%를 초가해서는 안 되며 자주 꺼내는 반찬 등은 앞쪽에 두는 것이 좋다. 또한 반드시 음식물이나 물 등은 충분히 식힌 후 넣어야 한다.

세탁기는 특별한 경우를 제외하고는 빨랫감이 충분히 모인 상태에서 일주일에 몇 번만 돌린다는 원칙을 세워놓아야 한다.

또한 탈수시간을 원래 정해진 대로만 지키지 말고 적당할 때 중단시키고 자연건조 하는 방법도 좋다.

여름철 필수품인 선풍기는 사고 예방 차원에서라도 장시간 가동시키지 않는 것을 생활화해야 한다. 환경에 맞게 타이머를 이용하고 속도는 미풍으로 정해두는 것이 좋다.

가족들이 있을 때는 회전을 시키지만 혼자 있을 경우는 그역시도 전력소모의 원인이니 고정시키는 것이 현명하다.

취침 시에는 반드시 타이머를 맞춰두는 것도 잊지 말아야 한다. 그밖에도 조금만 신경을 쓰면 얼마든지 전력소모를 줄일 수 있는 방법은 많다.

무심코 지나쳐버리기 쉬운 조명등 역시 백열등은 피하고 형광램프로 교체하는 것이 절약하는 방법이다.

외출 시나 취침 시에는 반드시 소등이 되었는지 점검하고, 어린 자녀의 경우 자주 스위치를 조작하는 일은 없는지 사전에 주의를 주는 것이 현명하다.

절약은 언제나 작은 일에서부터 시작되며 꾸준한 실천으로 결실을 맺게 되는 것이다.

한 번 절약을 실천하게 되면 하루하루 달라지는 결과들에 홍미가 생기며 생활의 활력까지 얻을 수 있다.

13 라면을 먹어도 트림할 때는 스테이크 냄새를 풍겨라

남의 말과 행동에 현혹되고 실속보다 외향에 더 신경을 쓰는 사람은 비싼 지갑에 동전만 넣고 다니는 요란한 꼴이다.

겉치레를 위해 살고 있다면 그런 생활방식에서 하루빨리 벗어나는 것이 부자로 가는 지름길을 찾는 일이다.

돈이 없어 이천 원짜리 라면으로 점심을 때워도 커피만은 전문점에서 그 몇 배를 주고 마시는 사람이 있다. 쓸데없는 겉치레와 체면에 노예가 된 사람이다.

그리고 그런 사람은 강박관념에 누가 알아주지도 않는데도 비싼 기름을 넣은 차를 보란 듯이 몰고 다닌다.

비싸고 좋은 기름을 넣는다고 그 사람의 삶이 무사고로 운행되지는 않는다. 더군다나 연료효율성이 크게 높아지는 것도 아니란다.

차라리 절약정신으로 저렴하고 할인혜택이 있는 주유소를 평소 몇 군데 물색해두는 것이 지혜로운 삶이다.

행여 겉으로는 드러나지 않을지 모르지만 그 사람의 삶에 대한 연료효율성을 높이는 일이기도 하다.

외향적으로 그럴싸하게 꾸민다고 해서 내면까지 완벽해지는 것은 절대 아니다. 명품 지갑에 동전 몇 닢 들어있는 신사보다는, 차곡차곡 모은 지폐들을 주머니마다 가득 채우고 있는 사람이 선택할 수 있는 삶이 다양해진다.

차라리 비록 라면을 먹었지만 트림만큼은 자신 있게 스테이크 냄새가 나도록 시원하게 하며 사는 것이 좋다.

그리고 주유소에서 주는 사은품인 여행용 티슈, 생수, 캔커피 등은 반드시 잊지 말고 챙겨라. 사은품을 주지 않는 주유소도 있는데 그렇다고 인상을 쓸 필요는 없다. 주유소는 편의점만큼이나 선택해서 이용할 수 있을 정도로 적지 않다.

14 예약을 생활화하라

세상 모든 일은 꼼꼼하게 따져보고 앞뒤 재본 뒤 실행에 옮길 때 더 많은 만족과 결과를 안겨준다.

텔레비전이나 냉장고 등 가전제품에 이상이 생길 때 우리는 서비스센터에 연락을 한다. 고장수리 접수를 하면 언제쯤 기사가 방문할지를 약속 받는다.

기사의 방문 시각은 접수한 시간에 따라 결정되는 것이 보통이다. 무심코 지나칠 수 있는 과정이지만 우리는 많은 부분을 이처럼 예약이라는 절차에 따라 살고 있는 것이다.

예약의 가장 큰 장점은 원하는 시간을 선택할 수 있고 기다림을 피할 수 있다는 데 있다. 진료를 받은 병원일 경우 다음 통원날짜를 예약하게 되는 것도 그 때문이다.

예약을 생활화하는 습관을 들여야 한다

단체로 식당을 이용할 경우 예약은 필수다. 만약에 예약도 없이 소문난 식당이라고 찾아갔다가 자리가 없다면 낭패이고 그날의 기분마저 망칠 수도 있다. 식당을 이용할 때 예약을 하면 무엇보다 시간을 절약할 수 있다. 또한 모임의 경우 참석률을 그만큼 높일 수 있다는 장점도 있다.

여행을 할 경우도 마찬가지다. 반드시 예약을 해서 얻을 수 있는 부수적인 이익을 챙기는 것도 알뜰한 절약 실천이다.

축구나 야구의 관람 역시도 당연히 예약을 하는 것이 좋다. 일단 길게 줄을 서서 시간낭비를 하는 일이 없고, 가족동반일 경우 번거로움을 줄여 더욱 편안한 시간을 즐길 수 있다.

영화구경 역시 3일 전에 전화로 예매를 할 수 있는데, 당일 영화 시작 30분 전에 티켓팅 하는 것을 잊지 말아야 한다. 그렇지 못할 경우 예매가 자동적으로 취소된다.

영화 티켓의 경우 인터넷 예매도 가능한데 기왕이면 전화 예약을 권하고 싶다. 인터넷의 경우 티켓 장수당 예매 수수료가 붙기 때문이다.

예약은 시간 절약과 편리함을 위해서도 필요하지만 이 역시 신용이라는 것에 더 주목해야 한다.

예약은 말 그대로 미리 약속하는 행위이다. 물론 사정에 따라 예매를 취소할 수도 있겠지만 서로간의 약속을 이행한다는 우리에게 필요한 사회적 톱니바퀴이다.

식당을 가든 영화를 보든 혹은 여행을 하든 예약과 예매의 습관을 실천한다면, 옆에서 바라보는 자녀들에게도 은연중 소중한 교육을 하게 되는 셈이다.

그 대신 낭비와 손해는 절대 예약하지 마라.

미리 꼼꼼하게 살피고 후회 없는 선택을 하자는 것이다. 철저하게 따져보지도 않고 겉으로 드러나거나 검증되지 않은 소문만 믿고 예약해서는 안 된다. 도중에 해약을 하면 그만이지 하는 생각 역시 결국 시간낭비이기 때문이다.

15 부자는 어릴 적 습관부터 만들어진다

자녀들에게 어렸을 때부터 예약하는 습관을 보여줌으로써 실속과 사람과 사람 사이의 믿음을 조기 교육하는 것은 바람직하다.

저축하는 습관까지 일찍부터 가르친다면 더더욱 현명한 부모가 될 수 있다. 저축하는 습관을 들이기 위해서는 어릴 때 책상 위에 저금통을 놓아두고 동전을 모으는 일부터 익숙해지도록 지도해야 한다. 그런 다음 자녀 이름으로 된 통장을 만들어주는 것이 순서다.

자녀와 함께 저금통을 들고 은행으로 찾아가 통장을 개설하는 것이다. 옆에서 바라보는 자녀에게 그 과정을 모두 볼 수 있게 하고 자기 이름으로 된 통장을 확인시켜주는 것이 바람직하다. 그리고 통장의 의미에 대해서도 자세하게 설명해주는 것이 좋다.

통장만 개설한다고 해서 끝난 것은 아니다. 더욱 중요한 부분이 남았는데 용돈 등을 모아 저축한 통장이 어떤 힘을 발휘하는가를 체험하게 하는 일이다.

평소 자녀가 갖고 싶어하던 장난감이나 게임기가 있다면 먼저 스스로 그것을 살 수 있도록 돈을 모으는 끈기를 일러 주는 것이다.

그렇게 해서 모은 돈을 통장에서 꺼내 사고 싶은 것을 구입하게 하는 것이다.

그 과정을 통해 자녀는 저축의 필요성과 결과에서 얻는 기쁨을 스스로 터득할 수 있다. 그 다음부터는 일일이 챙기지 않아도 자녀는 스스로 은행에 가는 일을 즐거워할 것이다.

자녀에게 저축정신을 길러주기 위해서는 무엇보다 부모의 실천이 더 절실하다. 평소 저축하고 알뜰하게 생활하는 모습이라면 더 많은 설명이 없어도 자녀는 금세 익숙해진다.

자녀가 자신의 통장을 갖고 그것을 이용할 수 있다는 것은, 곧 부자가 되기 위한 한 방법을 터득한 것이나 마찬가지다.

16 생활의 지혜는 보이지 않는 저축이다

하루하루 발전되는 인터넷의 정보공유로 복잡한 문제해결도 수월해졌고, 절실하지만 난감 하기만 하던 작은 부품 하나도 힘들지 않게 구입할 수 있게 되었다. 그런데 문제는 어떤 마음가짐으로 인터넷을 이용하느냐가 중요한 것이다.

끼고 있던 은반지의 광택을 내겠다고 인터넷 쇼핑몰에서 배송비가 더 비쌀 수도 있는 광택제를 선뜻 주문하고 있지는 않은가? 그렇다면 말 그대로 배보다 배꼽이 더 큰 경우이다. 배송비용을 없애고자 당장 쓸모도 없는 다른 물건들까지 구매할 수도 없는 노릇이다.

그 정도의 고충이라면 얼마든지 생활의 지혜를 발휘해 해결할 수 있어야 한다. 부드러운 천에 치약이나 소다를 적당량 묻혀 반지를 닦으면 간단히 광택을 낼 수가 있다. 냉장고 냄새를 없애기 위해서는 먹다 남은 굳어진 식빵이나 녹차티백 혹은 원두커피 찌꺼기를 이용하면 된다.

아이들이 먹다 남긴 과자가 눅눅해지는 것을 방지하기 위해서는 각설탕 하나를 과자봉지에 넣어두면 해결된다. 그리고 괜히 손해 보는 듯한 쓰레기봉투에 대한 스트레스도 반짝이는 지혜로 해결할 수 있다.

부피를 줄이는 방법인데 쓰레기봉투 위에 벽돌 등 무거운 것을 하나 올려두면 된다. 그리고 라면이나 과자봉지는 쪽지편지나 딱지를 접듯이 해서 버리면 얼마든지 부피를 줄일 수 있다.

상한 우유는 구두에 광택을 내는 데 그만이고, 고구마를 신속하게 삶고 싶을 때는 다시마를 이용하며, 집 안의 페인트 냄새를 없애려면 구석구석에 양파를 쪼개 몇 개 놓아두고, 깨진 유리조각을 치울 때는 접착테이프를 이용하며 진공청소기는 절대 금물이다 등. 인터넷을 검색하다 보면 우리 생활에 필요한 번뜩이는 지혜들은 무궁무진하다. 키보드로 몇 자만 쳐주면 해결될 문제도 우리는 은연중 쇼핑몰 중독이 되어 낭비를 하고 있다. 유익한 정보를 제공하는 인터넷을 얼마나 자주 이용하는가가 중요한 것이 아니라, 자신에게 필요한 무엇을 찾고자 접근했는지가 더 가치 있는 것이다.

4

알뜰한 소비를 위한
행동수칙

17 알뜰쇼핑은 이렇게 하라

생활에서 가장 빈번한 지출을 차지하고 있는 것 중 하나가 쇼핑이다. 우리에게 필요한 생필품은 물론 남편의 넥타이, 아내의 신발, 자녀들의 참고서…… 먹을거리부터 쓰고 버리는 기본적 소비재까지 쇼핑에 의해 이루어진다.

실생활과 가장 밀접한 관계에 있는 쇼핑에서 나름대로의 지혜만 있어도 가정경제의 큰 걱정을 덜 수가 있다. 마트나 시장 혹은 백화점으로 쇼핑을 가기 전에 가장 먼저 하는 것이 무엇인가? 화장을 하거나 계절에 맞는 옷을 고르는 일이라면 아예 외출을 하지 않는 것이 좋다.

쇼핑할 물품 목록부터 정하여 메모지에 기록하는 것이 중요하다. 충동구매를 막기 위함이고 시간절약을 위한 일이기도 하다. 또한 작은 전자계산기도 유용하다.

휴대폰에도 계산기 기능이 있으니 평소 익숙할 정도로 연습을 해두는 것이 좋다. 계산기를 통해 그때그때의 구입한 물품의 가격이나 제품의 중량 등을 비교할 수가 있다.

외출하기 전 가방이나 주머니에는 마트에서 돌린 할인광고 전단지가 반드시 있어야 한다. 그동안 모아둔 할인쿠폰이 있으면 역시 잊지 말아야 한다.

그런데 문제는 막상 매장에 도착했을 때의 마음가짐이다. 집을 나설 때는 나름대로 충동구매를 하지 말고 가급적이면 할인과 세일품목 위주로 사겠다고 다짐을 했지만 달라질 수도 있다.

그럴 때는 이용하는 마트나 백화점의 정확한 코너를 미리 기억해두는 것이 도움이 된다. 어느 코너에 가면 자신이 필요한 물품을 살 수 있다는 것을 알면 쓸데없이 다른 곳을 기웃대는 일은 없다.

그리고 쇼핑을 할 때는 혼자 가는 것이 좋다. 행여 이웃이나 자녀와 함께 갈 경우 예상에도 없는 물품을 구입할 기회가 되기 때문이다. 그리고 신상품이나 명품만이 최고라는 생각부터 버려야 한다.

리폼과 리필 그리고 중고 상품에 대한 지식과 판단을 먼저 몸에 배게 하는 것이 현명하다.

사용하던 물건도 얼마든지 리폼으로 변화를 줄 수 있다.

또한 용기가 아직 멀쩡하다면 구태여 신상품을 살 필요 없이 리필로 채워 넣는 것이 알뜰한 지혜이다. 또한 자녀들 책의 경우 중고매장을 이용하는 편이 좋은데, 다 읽고 난 것은 저렴하게 다른 책으로 교환할 수도 있다.

그래도 자녀에게만큼은 새 책을 사주고 싶다면 인터넷 쇼핑을 이용하라.

할인도서들이 많고 책을 구입할 때마다 포인트가 적립되어 나중에 유용하게 사용할 수 있다.

18 '하나 더' 가 안 되면 '조금 더' 라도 챙겨라

간편한 간식거리이자 야식거리인 피자와 치킨대리점은 한 집 건너 있을 정도로 어디서나 눈에 띈다. 그래서인지 경쟁이 심하고 어떨 때는 과연 이윤이 남을까 싶을 정도로 사은품이나 서비스를 덤으로 주는 경우가 많다.

이른바 '하나 더' 서비스이다. 피자나 치킨을 주문할 경우 하나를 더 주는 것인데 소비자 입장에서는 마다할 이유가 없다. 물론 그 안에는 적당한 거품과 보이지 않는 '그래도 손해보지 않는 상술' 이 있겠지만 피부로 느끼는 것은 다르지 않을까.

하나를 덤으로 더 주는 것은 그러나 그다지 많지 않고 대부분은 '조금 더' 이거나 '이만큼의 덤' 이라는 명목으로 사람들을 끌어 모은다. 그렇다고 해서 마다하거나 무시할 이유는 전혀 없다.

알뜰소비의 핵심은 주는 것을 마다하지 않는 정신

이고, 더 주지 않는지를 살피는 적극적인 자세이다.

마일리지를 잘 적립하는 것도 알뜰한 생활의 밑거름이다. 마일리지란 비행기나 철도 등을 이용하는 고객들을 위한 서비스 상품이다. 고객들이 사용한 총거리에 비례하여 항공사나 철도 회사에서 주는 여러 가지 혜택인 셈이다.

최근 들어 비행기를 이용할 경우 마일리지를 적립해준다는 항공사의 홍보가 적지 않게 나오고 있다. 가장 효과적으로 마일리지를 활용할 수 있는 기회이기도 하다.

적립해온 항공 마일리지의 경우 비즈니스 클래스나 일등석으로 바꿀 수 있는 기회가 있다면 놓치지 말아야 한다. 또한 마일리지로 국내 항공권을 사는 것은 손해이니 명심해야 한다.

그리고 백화점이나 주유소 등 업계 카드의 마일리지도 눈여겨봐야 한다.

가장 쉽게 접할 수 있는 것이 인터넷 쇼핑몰에서의 마일리지다. 구매를 하면 마일리지가 적립되고 상품평가를 한 고객 가운데 정기적으로 뽑아 적지 않은 포인트를 주기도 한다.

도서 쇼핑몰이 그 대표적인데 자녀들의 참고서 등을 구입할 때 활용하면 좋다. 쇼핑몰에 회원가입만 해도 포인트가 주어지고 상품 구매 시 이벤트에 자동으로 응모되기도 하는 등 다양한 마일리지가 있다.

특히 항공사 마일리지나 포인트 또는 신용카드 적립금등은 현금화할 수 있도록 '캐시백 보장'이 되는 것으로 선택해야 한다.

인터넷 쇼핑을 자주 하는 편이라면 쇼핑몰의 포인트 사용 제휴카드를 찾아 신청하는 것이 좋다. 일 년 동안 쇼핑몰에서 사용한 금액에 따라 몇 만원의 혜택도 받을 수 있기 때문이다.

물론 마일리지란 원래 하고자 한 목적과 과정에서 비롯된 부수적인 결과물이다. 오로지 그것만을 위해 기차를 타고 비행기를 타고 또 백화점이나 인터넷 쇼핑몰을 이용하는 것은 아니다.

하지만 적어도 자신에게 돌아오는 몫의 덤은 반드시 챙기라는 충고이다.

가장 쉽고 흔한 말이지만 어렵게만 여겨지는 '티끌 모아 태산'의 교훈을 생활화하는 것이다.

19 연회비 없는 신용카드를 만들어라

신용카드의 연회비마저 절약하는 것이 철저한 부자가 되는 마음가짐이다.

가능하면 신용카드 연회비는 절약하고 아예 내지 않아도 되는 쪽으로 선택하는 것이 좋다.

우선 연회비가 없는 카드를 물색하는 것이다.

처음부터 연회비가 면제되는 것은 물론 첫 해만 연회비를 면제해주는 카드도 있다. 체크카드와 백화점카드를 함께 사용하면 연회비를 내지 않고도 카드결제가 가능하다.

체크카드는 신용카드처럼 자유롭게 이용할 수 있지만, 본인 통장의 잔액 안에서만 결제가 이뤄지는 연회비가 없는 카드다.

또한 할인점 카드로도 연회비 걱정에서 한시름 놓을 수 있다. 할인점과 기업 간에 제휴한 카드를 신규나 교체로 발급받으면 그 첫 해 연회비를 면제받을 수 있다.

또한 일 년 간 할인점에서 일정액 이상 구매할 경우 다음

해 연회비도 부가되지 않는다.

시중에는 연회비가 면제되는 카드들이 다양한데 조금만 분석하고 비교해보면 자신의 구미에 맞는 것을 발견할 수 있다.

일 년을 기준으로 많지 않은 금액만을 사용해도 연회비가 면제되는 카드도 있다. 그리고 일 년에 단 한 번만 사용해도 되는 것도 있고 평생 연회비가 면제되는 카드도 있다.

신용카드를 사용할 때 생기는 할부수수료와 현금서비스 수수료도 때로는 부담처럼 여겨진다. 사용할 때는 피부로 잘 못 느끼지만 막상 고지서를 받아들고 보면 괜히 가슴마저 답답해지는 것이 현실이다.

연회비를 면제받을 수 있는 방법이 있다면, 그래서 그것으로 크지는 않지만 위로 받을 수 있다면 그만큼의 짐은 덜어내는 일이다.

20 새 차보다는 안전한 차를 타라

차만큼 올바른 재테크를 방해하는 훼방꾼은 없다. 차를 사고 싶다면 보이기 위한 고급이나 새 차보다는 중고차를 선택한다는 마음가짐을 처음부터 가져야 한다.

당신의 업무와 생활에 필요한 것은 '새 차'가 아니라 그냥 안전한 '이동수단'이다.

'새것'은 결국 심리적 만족과 거품일 뿐 업무효율과 윤택한 생활에 그다지 큰 도움은 주지 못한다.

차를 구입할 때 가능하면 최근 출고된 중고차를 사되 폐차시킬 때까지 알뜰살뜰 사용한다는 마음가짐이 중요하다. 차는 출고되면 첫 해 이미 30% 정도의 가치를 잃은 것이라는 말이 있다.

한 가지 명심할 것을 안전장치가 잘 돼있는지를 따져봐야 한다. 전자 통제장치는 물론 각종 안전장치가 있다면 행여 발생할지 모르는 미끄럼 등의 사고를 방지해줄 것이다.

안전장치의 효과는 매우 높아 충돌사고를 67%나 줄여준다는 연구결과도 나왔다.

또한 새 차이든 중고차이든 엔진오일은 정해진 기간에 반드시 교체한다는 습관을 들여야 한다. 결코 낭비라는 생각은 버려야 하며 가급적 최상급으로 평균 교체시기보다 앞서 교환하는 것이 바람직하다. 그 결과 자동차 주행성능은 높아질 것이며 당신의 안전은 보장될 것이다.

백번을 떠들어도 입은 아플지언정 그 중요성은 변하지 않는 것이 있는데 안전벨트 착용이다. 운전 실력이나 에어백만을 맹신하는 것은 잘못된 발상이다. 에어백도 언전벨트를 착용하지 않거나 잘못된 자세로 운전할 경우 얼굴 측면 등에 충격을 주어 제2의 부상을 가져온다.

그밖에도 항상 조심운전을 하며 빗길과 빙판길 대비를 잊지 말고 특히 음주운전에 대한 자각을 생활화하는 것이 무엇보다 중요하다.

이것들만 준수하면 당신은 비록 중고차를 몰지만 언제나 안전한 생명으로 어떤 일이든 할 수 있는 건강한 시간과 만날 것이다.

21 체면으로 술을 마시지 마라

비싼 양주나 와인이 당신의 품위를 높여주지는 않는다.

어쩔 수 없이 술자리를 할 경우나 한잔 즐기고 싶은 날이라면 부담 없이 마시는 편이 모든 면에서 이롭다. 친구나 혹은 일행과 술집에 갔는데 유독 비싼 양주나 와인을 주문하는 사람이 있다면 다시 한 번 그와의 관계마저 생각해보라.

술이란 비싸다고 전혀 숙취도 남기지 않을 만큼 깔끔하거나 해로움이 덜 한 것은 아니다. 어차피 술이란 사람들과 어울리는 데 필요한 윤활유이니 값싸고 흔한 소주라도 그 역할은 충분히 해낸다.

물론 아주 특별한 경우에는 어쩔 수 없이 비싼 술값을 각오할 수도 있다. 하지만 헤어나지 못할 정도로 그런 일에 빠지거나 일상화된다면 문제는 심각하다.

와인의 경우 고급이 아니더라도 전문가들이 추천할 만한 수준의 맛을 만끽할 수 있는 종류들이 많다. 중요한 것은 고급이 아니라 자신의 입맛에 맞는 것이며 그 자리에

어울리는 술이다.

최근 신문에 흥미로운 기사가 난 적이 있다. '신이 빚은 술'이라고 일컫는 와인은 일본에서 '신의 물방울'이란 제목의 만화가 나올 만큼 관심이 쏠리고 있다. 적당하게 와인을 즐길 경우 심장병 사망률을 낮출 수 있다.

하지만 와인에 대한 잘못된 상식도 지적했는데, 지나칠 경우는 오히려 역효과를 가져오며 특히 포도당과 과당 등이 다량 함유돼 있어 충치나 잇몸질환을 유발할 수도 있다는 것이다.

그리고 생각보다 알코올 농도는 다른 술들과 비슷해 체내 흡수가 빠르다. 결국 가벼운 한잔이 아니라 폭음이 될 가능성도 있어 다른 술과 다를 바가 없다.

그렇다면 체면이나 겉치레로 한 잔 마시다 한 병을 다 비워버리고 고생하느니 처음부터 저렴한 술로 즐거운 분위기를 연출하는 것이 더욱 현명하다.

모든 것이 그렇듯 보이기 위한 그 어떤 행동도 오랜 즐거움이나 만족을 보장해주지는 않는다. 자신에게 맞는 것이 곧 자연스러움이고 최상의 드러냄임을 명심하자.

22 소중한 것은 하나 더 만들고
필요 없는 것은 버려라

요즘은 집에서나 사무실에서도 책상 위 필수품은 컴퓨터가 돼버린 세상이다.

하루의 시작을 컴퓨터로 해서 마감까지 그것으로 끝내는 일상이라 해도 과언이 아니다. 그러나 우리에게 편리함을 주는 컴퓨터 때문에 하루의 일을 혹은 미래의 중요한 계획까지 송두리째 날리는 일도 없지 않다.

컴퓨터 하드 디스크에 저장된 자료를 정기적으로 백업하는 습관을 들여야 한다.

개인적으로 원고 마감 하루 전에 컴퓨터가 고장 나는 일이 있었다. 일주일 밤낮을 힘들여 쓴 원고가 모두 날아갔는데 백업을 하지 않는 것을 뒤늦게 후회했다.

그 후로는 일주일마다 혹은 원고의 절반을 작성했을 때 등 나름대로 정해놓고 자료들을 백업하는 습관을 들이게 되었다.

외장 하드 드라이브 등을 이용해 소중하고 미래마저 책임
져줄 당신의 자료들을 백업해두는 것이 최선이다.

행여 그 안에 저장된 재정 보고서나 중요한 기획안 그리고
가계부나 메모 등이 한순간에 날아간다면 얼마나 암담하겠
는가.

더군다나 소중한 사람이나 가족의 사진 그리고 애청하던
음악파일들이 들어있었다면, 다시 저장하면서 시간낭비는
물론 울분마저 생길 것이다.

사전에 예방하고 준비하는 것이 후회 없는 시간을 경영하
는 방법이다. 사고가 생긴 뒤 뒤늦게 후회하면 반성은 되겠
지만 최선의 삶은 아니다.

그리고 일 년에 한 번쯤은 컴퓨터 전반에 걸친 업
그레이드를 받는 일도 잊지 말아야 한다. 행복한 삶을
위해 정기적으로 건강검진을 받듯, 내 주변에서 나를 돕는
모든 것들의 성능 체크도 잊지 말아야 한다.

백업을 통해 하나 더 만들어 만약을 대비하는 것이 좋다.
그러나 반대로 필요 없거나 외부로 유출돼서는 안 될 것들은
과감히 없애는 것도 현명한 처세다.

서류 분쇄기를 구입해 파기시킬 주요 문서나, 특히 개인정보가 있는 휴대요금 고지서 등은 그때그때 처리해야 한다.

　자신에게 필요한 것은 고집스레 모으고 관리하고 또 따로 보관하는 것이 지혜로운 생활이다. 하지만 반대로 불필요한 것들을 그때그때 처리하고 없애는 것도 현명한 일임을 알아야 한다.

23 빠른 사람이 성공한다

거북이가 토끼를 이길 수 있었던 것은 순전히 운이고 역사상 단 한 번 뿐인 사건이었다.

만약에 토끼가 거만하지 않고 제 실력을 발휘했다면 사정을 달라졌을 것이다. 그러나 불행히도 토끼는 거만했고, 속도는 오랜 세월 사람들에게 교훈을 안겨다주는 소중한 것임을 망각했다.

요즘은 빠른 것이 곧 이기는 것이고 승리자의 덕목처럼 돼버렸다. 사용하고 있는 컴퓨터의 메모리 용량부터 크게 늘려야 한다.

컴퓨터 속도를 빠르게 할 수 있는 그 밖의 방법에 대해서도 연구하여 가급적 최상의 시스템을 확보해야 한다.

사용하는 인터넷 통신 역시 초고속으로 교체하는 것도 급선무다. 행여 속도가 느려 찾고자 하는 정보의 화면이 열릴 때까지 시간이 지체된다면 이것 역시 보이지 않는 손해이다.

기다리는 동안 세상의 초침은 벌써 저만큼 앞서 가고, 이미 다른 사람의 정보가 되어 활용되고 있을지도 모른다.

인터넷에 있는 정보는 개인이 소유하고 적절히 활용했을 때의 엄청난 효과마저 잠재한 훌륭한 밑거름들이다. 그런데 남들보다 느린 속도로 늘 뒷북만 치며 줍는다는 것은 억울한 일이며 정체되고 후퇴되는 불행이기도 하다.

필요를 느껴 검색을 했지만 느린 속도로 화면이 바뀌지 않았을 때 보이지 않는 손해는 생각 외로 크다.

우선 심리적으로 조급함만 더해질 것이고 실질적으로 느린 업무처리에 쓸데없는 시간낭비만 가져온다. 뿐만 아니라 인터넷 뱅킹과 주식 등 투자에 대한 정보의 체크를 할 때도 불편함과 손실을 볼 수 있다.

시간은 돈이며 그것을 위해서는 투자를 아끼지 말아야 한다. 결국 시간을 절약하고 속도를 높이는 일은 투자만큼 혹은 그 이상의 결과를 준다.

24 카드빚은 먼저 갚아라

신용카드로 사용한 대금은 최우선적으로 갚고 관리한다는 생각이 부를 지키고 키운다.

신용카드로 인한 부채가 생기지 않게 평소 인식하고 철저한 관리를 하는 것이 원칙이다. 하지만 행여 대금이 밀렸다면 당장 해결하는 것이 최선이다.

사정이 급하고 편리하다는 이유로 신용카드를 사용한다. 그럴 때 사람들의 공통된 심리는 '금방 갚을 수 있겠지' 라는 것이다.

하지만 세상의 일은 수많은 변수들로 이어져 있어 막연한 기대와 생각만으로 대처할 수는 없다.

더군다나 다급한 사정에서 받은 현금 서비스의 경우 만만치 않은 수수료 때문에 더욱 난감하게 될 수도 있다. 통장에 현금이 있다면 우선적으로 카드로 인해 발생된 부채부터 해결하는 것이 현명하다.

카드빚의 경우 '어떻게 되겠지' 라는 막연한 생각으로 있

다 보면 통장에 남은 그나마의 돈으로도 해결할 수 없을 지
경에까지 이를 수 있다.

부자가 되기 위해서는 철저한 절약정신으로 작은 금액도
소중하게 여겨 착실히 모아야 한다. 하지만 그때그때 발
생하는 작은 부채를 관리하고 최대한 부작용을 줄이
는 것도 부자들의 처세이다.

티끌 같은 푼돈을 차곡차곡 모으면 큰돈이 되는 반면, 작
은 부채가 눈덩이처럼 불어나 큰 타격을 준다는 것을 너무도
잘 알기 때문이다.

맹목적으로 돈을 모으기 보다는 때로는 느긋하지만 철저
하게 주변의 혹들을 제거하는 일도 소중하다는 자각이 필요
하다.

5

자신을 위한
투자 행동수칙

25 미래를 위한 포석을 준비하라

묵묵히 자신에게 주어진 일만 열심히 하고 성실한 자세로 헤쳐 나가면 성공한다? 맞는 말이기는 하지만, 가능하면 그런 기초에 몇 가지만 더 기둥처럼 세운다면 그 성공이 훨씬 빨라질 수 있다.

평소 열심히 일하는 당신이라면 상사 앞에서 더욱 그런 성실함을 보이는 것이 현명하다. 혹은 그렇지 못한 사람이라도 상사 앞에서 만큼은 성실한 일꾼이 되는 것이 처세이다. 또한 늘 웃는 얼굴로 대하며 필요에 따라서는 애교 등으로 무장해 기꺼이 자신의 무기로 삼아야 한다.

중요한 회식이나 특히 직속 상사가 포함된 술자리라면 무조건 참석하는 것을 원칙으로 삼아야 한다.

그런 약속이 있으면 모든 스케줄을 취소하고 가장 먼저 앞장 서는 사람이 되라. 부득이한 경우라면 얼굴 도장만이라도 찍고 정중하게 사정을 설명하는 것이 눈 밖에 나는 불상사를 막는 일이다.

그리고 회식이 끝날 무렵 잊지 말고 상사의 휴대폰으로 편안하고 안전한 귀가를 바란다는 안부를 전해야 한다.

친하지 않거나 연관성이 없다고 판단되는 상대라도 평소 선심을 쓰고 관계를 유지하라.

예를 들어 함께 일하던 상사나 직장동료가 다른 곳으로 옮겼다고 치자. 대부분 그와는 멀어지는 것이 현실이지만 계속 관계의 끈을 놓지 않고 있는 것이 현명하다.

우연을 가장하든 아니면 아예 정기적으로 정해놓 듯 그를 불러 식사대접을 하라. 점심시간을 이용한 자기만의 포석을 준비하는 것이다.

식사비용은 당연히 초대한 사람이 지불하지만 전혀 아까워할 필요가 없다. 언젠가는 그 비용의 몇 배의 가치로 돌아오기 때문이다.

만약에 당신이 지금의 직장에서 밀려나 한동안 방황한다고 치자. 그때 기꺼이 다가와 도움을 줄 수 있는 사람 가운데는 바로 그가 포함되어 있다는 것이다.

큰돈이 들지 않는 몇 번의 점심식사였지만, 그것을 대접받은 사람은 그 이상으로 가치를 평가하는 것이 우리들의 정서이다. 꼭 그런 목적이 아니더라도 평소 연결시켜놓은 단단한 관계의 끈들은, 우리가 알지 못하는 사이 반드시 긍정적인 결과를 달고 오게 돼있다.

직접적인 관계나 비즈니스가 없는 상대라도 미래를 위해 차 한 잔 안부전화 한 통화 하는 습관을 들이자는 것이다.

이 모두가 당신의 미래를 책임져줄 소중한 징검다리가 되기 때문이다.

피부로 직접 전해지는 결과가 없다고 해도, 그런 당신을 사람들은 최소한 '인정 있고 한번쯤 믿어보고 싶은 존재'로 인식할지도 모른다.

26 자녀를 위한 투자는 절대 아끼지 마라

자녀는 하나의 독립된 인격체이지 나의 분신은 아니다.

또한 부모는 자녀가 꿈을 꾸고 실현할 수 있도록 도와주는 역할이다. 자녀가 원하는 길을 순조롭게 갈 수 있도록 도와주며 지켜봐주는 존재인 것이다.

자녀가 학업에 필요한 도움을 원할 때는 두말없이 투자를 아끼지 말아야 한다. 다른 것은 꼼꼼하게 따져보고 계산을 해도, 자녀의 교육에 드는 비용만큼은 씀씀이가 헤퍼도 좋다.

교육이란 부모가 자녀에게 할 수 있는 가장 소중한 투자이며 큰 가치를 남기는 일이다.

형편이 어렵다면 대출을 받아서라도 적극적으로 자녀교육에 힘써야 한다.

학원수강을 원하면 기꺼이 등록하게 하고 필요한 참고서는 그때그때 구입할 수 있도록 준비해야 한다.

또한 진학에 직접적으로 연관이 없다고 해서 자녀가 원하는 취미나 관심분야들을 외면해서는 안 된다.

당장은 소용되지 못하고 가치가 없을 것 같지만 언젠가는 자녀의 성공을 돕는 자양분이 될 수 있다. 자녀에 대한 투자는 눈에 보이지 않는 미래의 가능성까지 잊지 않고 챙겨주는 것에서 더욱 빛을 발한다.

행여 등록금 문제로 자녀에게 심적인 부담감을 안겨줘서는 안 된다. 그러자면 대학 등록금의 30% 이상은 미리 준비해둘 필요가 있다.

자녀에 대한 적극적이고 맹목적인 투자를 다르게 해석할 수는 있다. 하지만 결코 부모는 자녀에게 무엇을 바라고자 투자하는 것은 아니다. 자식에게 돌려받을 것이 있어 투자한다는 부모도 없다.

다만 자식이 보다 건강하게 그리고 세상에 나갔을 때 흔들리지 않게 힘과 정신을 만들어주기 위한 도움일 뿐이다. 그래서 험난한 세상에 곧은 심지로 서서 자신의 일을 하고 삶의 가치를 높여갈 때 부모는 가장 큰 보람을 느끼는 것이다.

보람은 곧 어떤 물질로도 대신할 수 있는 최고의 선물이기 때문이다.

27 성공에 필요한 소프트웨어는 모두 구입하라

우수한 성적으로 대학을 졸업하고 입사를 할 때 역시 단연 돋보이는 실력으로 주목을 받는 사람이 있다. 모두들 그에게 관심을 보이고 특히 윗사람들은 많은 기대로 지켜보기 시작한다.

다행히 기대에 어긋나지 않고 탁월한 업무능력을 발휘하고 실력을 인정받아 승승장구 승진하며 몸값을 올리면 갈채가 쏟아질 것이다. 하지만 문제는 그 반대의 경우이다. 연구결과 천재라고 주목받고 우수한 성적으로 입사를 한 엘리트 가운데는 정 반대의 길로 들어서는 경우도 있다는 것이다.

지나친 주목과 관심 혹은 자만 때문에 스스로를 채찍질하고 트레이닝 하는 것을 게을리 했기 때문이다. 자기계발은 끝이 없고 조금만 정체해도 다른 사람들에게 추월을 당한다는 교훈을 망각한 결과이다.

자기계발은 성공을 위한 끊임없는 투자이다. 자신의

성장을 위해 필요한 것이 있으면 아낌없이 투자하고 외상으로라도 구입해야 한다. 자신이 하고 있는 업무나 사업에 필요한 도서와 잡지 등은 아낌없이 구입하라.

또한 아이디어를 얻을 수 있고 회사 업무에 반영할 수 있는 분야의 일이 있다면 점심시간을 아껴서라도 달려가야 한다.

물론 성급한 행동보다는 사전에 철저한 준비와 조사를 하고 정말 자신에게 유용한지를 먼저 살펴봐야 한다. 그렇게 철저하지만 묵묵히 자신을 준비해가면 언젠가는 빛을 보게 된다. 업무에 필요한 아이디어를 제시하고 난관에 봉착한 사업상의 문제들을 해결할 수 있는 유능한 존재가 반드시 될 것이다.

그 결과 당신의 가치는 상승될 것이며 당연 연봉도 높아진다. 한 가지 주의할 것은 절대 성급하게 결과를 보고자 서둘러서는 안 된다는 것이다. 회사에서 필요한 인재는 시도 때도 없이 분주하게 앞만 보며 달리는 경주마 같은 존재가 아니다. 정말 필요로 하는 것은 문제 해결의 핵심을 정확히 짚어내 풀 수 있는 결정적 역할의 당신이다. 그러자면 성급함을 버리고 평소에 자신을 발전시킬 수 있는 모든 소프트웨어에 적극적으로 귀와 눈을 열어야 한다.

28 돈이 없다면 말로라도 승부하라

자신 있게 말하며 살라는 것이다.

남들보다 가진 돈이 없다고 해서 기죽을 필요는 없다. 오히려 가진 것은 배짱이고 뚝심이라며 큰소리로 외치고 자신 있게 말을 하며 사는 것이 또 하나의 저력이다.

살아가면서 말을 잘 하는 사람을 보면 부럽고 한번쯤 그렇게 되고 싶다는 생각을 갖게 된다. 하지만 한 가지 구별할 것은, 단순히 말을 잘 하는 것과 어떻게 어떤 내용을 담아 전하느냐는 다르다는 것이다.

단순히 들은 그대로를 전달하는 앵무새이거나 흉내를 내는 원숭이가 돼서는 안 된다.

우선 용기를 갖고 말을 해야 한다. 말 속에 자신의 심지가 들어있지 못하면 공허한 메아리가 될 수밖에 없다.

그리고 상대의 고민이나 고통을 함께 한다는 자세로 말을 하면 얼마든지 공감대를 형성할 수 있어 호감을 갖게 된다.

매사에 부정적이고 직설적인 표현보다는 '그렇기도 하겠지만 내 생각에는 이렇다' 든가 '힘은 들겠지만 함께 노력하면 못 할 것도 없지' 라는 완곡하지만 긍정적인 태도를 보이면 이 역시 호감을 줄 수 있다.

그리고 중요한 것은 진실성이다.

행여 자신에게 불리하거나 곤란한 입장이라고 거짓말을 하거나 모호하게 대화를 끌고 가서는 안 된다. 진솔하게 자신의 부족함마저 내비치며 다가간다면 상대는 적어도 믿음을 갖고 당신을 대할 것이다.

평소 말하는 연습을 하는 것도 좋다.

거울을 보면서 평범한 일상이라도 좋으니 그날에 있었던 일 하나를 떠올려 말로써 일지를 쓰는 것이다. 그리고 핵심이 무엇인지를 짚어내는 훈련도 필요하다.

그러자면 상대의 말에 집중하는 훈련도 필요하다. 또한 대화에 맞는 적절한 손짓도 화술을 돋보이게 해주는 일이다.

대화를 할 때 아무리 상대가 상사라도 매사에 '예, 맞습니다' '그렇고 말고요' 라는 추임새만 넣는 것은 피해야 한다. 부정적인 대꾸도 좋지 않지만 심지가 없는 듯한 반응도 결코 호감이나 믿음을 주지는 못한다.

그보다는 그에 걸맞는 보충설명을 달아 상대의 의견이 정말 옳고 그래서 동참하겠다는 인상을 주는 편이 효과적이다.

말을 잘 한다는 것은 군사가 부족한 장수에게 남은 비밀병기와도 같은 것이다.

군사가 없다고 주눅 들어 상대에게 고개를 숙이기보다는, 비밀병기로 새로운 길을 모색하는 것이 최선이다.

29 상품보다 자신을 먼저 팔아라

　최고의 부를 얻는 것을 인생의 최대 목표로 한 유아용품을 취급하는 세일즈맨이 주택가로 들어섰다.

　그는 오로지 물건을 팔기 위해서라면 물불을 가리지 않겠다는 다짐을 한 상태였는데 만나는 사람마다 달려가 홍보를 시작했다. 그러나 대부분 대문조차 열어주지 않았고 어쩌다 마주친 사람들마저 경계하며 집안으로 들어가 버렸다.

　이상한 것은 그가 들어서는 골목마다 뛰어놀던 아이들은 어느 틈엔가 나타난 어머니들의 손에 이끌려 집안으로 숨듯 했다. 화가 나기 시작한 그는 그 집 대문을 신경질적으로 두들이다 결국에는 사람들의 신고로 곤란한 입장만 되고 말았다.

　나중에서야 그는 얼마 전 그 주택가에서 한 아이가 유괴되었다는 사실을 알고 자신의 행동에 깊은 회의를 가졌다.

　스스로는 계획이 섰고 자신감도 있다고 자부했지만 새로운 일의 도전이란 결코 쉽지 않은 것이다.

　성급히 다가가는 것보다 더 절실한 것은 상대에 대

한 정보와 분석 그리고 대처방식이다.

물론 처음부터 그런 사실을 몰랐고 알 수도 없는 상황이 아니겠느냐고 할지 모른다. 하지만 평소 마음가짐을 달리 했다면 그래서 꼼꼼하게 살폈다면 대처방법은 신속했을 것이다.

결국 오로지 물건을 팔 생각에만 치우쳐 다른 여건이나 주변의 사정은 생각하지 못한 결과일 수도 있다. 사전에 모든 관련분야에 시야를 넓히고 뉴스 등을 체크하는 일을 생활화하는 사람이 있다면 바로 그가 부를 차지하지 않을까.

물건을 팔기에 앞서 준비 된 자신을 먼저 고객에게 보여주는 것이 현명하다는 의미이다.

신용과 친절함으로 그리고 작은 실수조차 용납하지 않는 철저함으로 먼저 다가가는 것이다. 물건은 마음에 드는데 세일즈를 하는 사람이 불친절하고 예의가 없다면 고객은 도중에 내민 손을 거둘 수밖에 없다.

그리고 팔고자 하는 물건과 고객 그리고 주변적인 상황마저 고려한 철저한 준비를 갖춘 사람이라면 보다 원활한 세일즈를 할 수 있다. 준비와 마음가짐은 바로 팔려고 하는 물건의 가장 좋은 포장인 셈이다.

30 보험은 성공을 위한 안전벨트이다

살아가면서 단 한 번의 사고도 없이 무사히 지낼 수 있다면 그보다 행복한 일은 없을 것이다. 하지만 '이 일은 나하고는 상관없겠지'라고 생각했던 불행에 누구나 빠질 수 있고 당신도 예외는 아니다.

불의의 사고는 언제 닥칠지 모르는 일이다. 갑작스러운 사고를 당하면 당황하고 때로는 무너지기까지 한다.

현명한 당신이라면 사고를 대비한 보험에 꼭 가입해두는 것이 좋다.

요즘은 텔레비전만 틀어도 갖가지 보험 상품의 광고들이 넘쳐난다. 그래서 막상 보험을 가입하고 싶어도 선택에 있어 혼란과 망설임이 발생한다.

일단 주변의 경험을 듣고 직접 보험 상품들을 살피는 길 밖에 없다. 어느 정도 자신에게 맞는 보험이 있다고 생각 들면 전문가의 조언에 귀를 기울이며 최종 판단을 하면 된다.

생명보험을 가입할 경우 최소한 자신이 5년 동안 받을 수 있는 월급에 해당되는 금액이 보장되는 상품으로 선택하라고 한다. 한 달 월급이 사백 만원이라면 이천 만원 가량의 보험금이 보장되어야 한다.

행여 자신이나 배우자에게 사고가 생겨 사망할 경우 남은 가족들이 아픔을 딛고 일어설 수 있는 기간에 필요한 최소한의 생계비라는 의미다. 또한 세금 공제의 혜택이 많은 보험 상품을 고르는 것도 잊지 말아야 한다.

사업을 하거나 직장에 다니는 남성의 경우 그만큼 사고에 많이 노출되어 있다.

교통사고. 화제사고. 안전사고, 산업재해…… 집을 나서면 언제 어디서 발생할지 모르는 것이 사고이며 한순간으로 많은 것들을 잃을 수 있다.

가정에서 살림만 하는 가정주부라고 예외는 아니다. 감전사고, 가스 사고, 강도 상해 등 생명을 노리는 요인들은 곳곳에 산재해 있는 현실이다.

가정주부 역시 생명보험에 가입해 만약을 위한 대비를 하는 것이 좋다.

보험이란 행복한 삶을 살아가는 데 있어 든든한 안전벨트

역할이 되어야 한다. 행여 보험을 믿고 자신의 몸을 함부로 혹사시키는 사람은 없을 것이다.

항상 안전과 위험에 대비하며 살아가지만 보험이라는 안전벨트를 착용함으로써 더 심리적으로 안정을 갖는 것이다.

그런 상황에서 보다 윤택하고 질 높은 삶을 꾸릴 수 있다면 선택의 이유는 충분하다.

31 계획과 대비가 성공한 삶을 만든다

인생은 곧 마라톤이라는 말을 자주 한다.

결국 단숨에 달려가 바라던 목적을 이루는 것이 아니다. 함께 출발하고 전진하되 얼마나 준비하고 노력을 했는가에 따라 승패가 좌우된다는 뜻이다.

장기계획을 다진 인생만이 원하는 결과를 안게 될 것이다. 철저한 준비와 대비 그리고 전체적인 계획이 서 있지 않은 레이스는 도중에 포기하거나 난관을 만나 중단될 수도 있다.

자녀들에 대한 투자, 알뜰한 생활과 꾸준한 저축, 주식 등 재테크에 대한 관심과 열정, 은퇴 후 노후생활에 대한 대비…… 등 모두가 마라톤에 필요한 주요 코스이며 피해갈 수 없는 중요한 여정들이다.

결국 노력하는 사람만이 그 같은 난관을 지혜롭게 헤쳐갈 수 있으며, 남들보다 무난한 과정을 겪게 되는 것이다.

자신에 대한 투자도 잊지 말아야 한다. 평소 건강관리에 신경을 쓰며 건전한 정신을 갖는 일에도 투자를 해야 한다.

금고가 넘쳐날 정도로 많은 돈을 모았어도 건강을 잃으면 아무런 소용이 없다. 매년 정기검진을 받는 것 역시 자산관리의 하나라는 점을 명심해야 한다.

또한 변호사를 선임해 유언장을 작성하고 재산과 장기에 대한 상속과 기증의 문제도 미리 결정해 두는 것도 현명하다.

세상은 미지의 세계다. 하지만 자각하여 실천하는 사람에게는 구체적 목표가 된다. 세상 곳곳에 우리의 발목을 잡는 지뢰가 묻혀 있다. 그러나 우리가 찾고자 하는 보물도 많은 것이다.

문제는 어떻게 지뢰를 피해 그 보물섬에 도착하느냐에 달려 있다. 그러자면 평소 근면절약과 안전한 삶의 운행을 실천하고 생활화해야 한다. 또한 자신에 대한 투자와 관리가 지속되어야 하며, 시간 관리와 함께 주변의 삶도 돌아보는 여유를 가져야 한다.

부자는 그리고 성공한 삶은 결코 한순간에 이루어지는 것이 아니다.

우리가 노력하고 실천하는 시간 끝에 놓여져 있는 누구나 소유할 수 있고 누릴 수 있는 선물인 것이다.

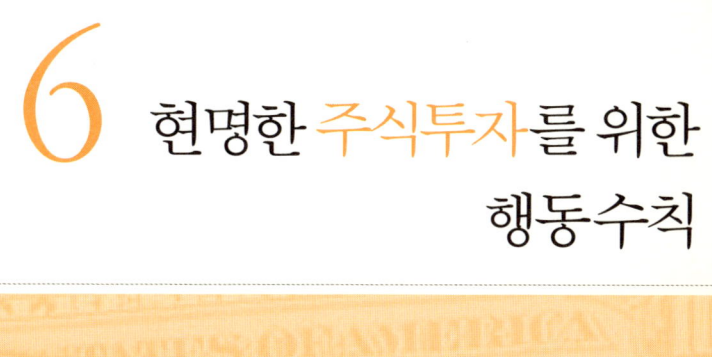

6 현명한 주식투자를 위한
행동수칙

32 정보 분석 능력이 승패를 좌우한다

주식투자에서 전문가와 비전문가, 초보와 프로를 결정하는 기준은 기술적 판단과 그에 따른 실행의 정도이다.

똑같은 자료와 정보를 놓고도 누가 얼마나 효과적이고 현명하게 분석하여 실천했느냐에 따라 달라지기 때문이다.

주식투자에 있어 정보의 수집과 활용은 매우 중요하다. 하지만 그것에 달인이 되었거나 자신감이 있다고 해서 모두가 성공을 보장받는 것은 아니다.

얼마나 그것을 유용하게 받아들이고 적절하게 활용하느냐에 따라 달라진다.

더군다나 많은 정보를 수집했다고 해서 모두 유익한 것만은 아니다. 정보가 풍부하다는 것은 반대로 그만큼 위험 요소도 많아졌다는 것을 뜻한다.

자신에게 맞는 정보부터 파악하고 그것이 얼마나 정확하고 확실한 효과를 보장하는지 선별할 수 있는 눈도 길러야 한다.

정보의 확신이 있어야 투자금을 보다 효율적으로 쓸 수 있는 것이다.

반대일 경우 아까운 투자금만 날리고 주식투자는 그래서 어렵다는 씁쓸한 교훈만 확인하게 된다.

단순하게 호재를 부추기는 소문이나 사탕발림 같은 대중적 정보 보다는, 스스로 감별하고 연구하여 확인이 끝난 것이 더 확실하다는 점을 명심해야 한다.

그러자면 작은 파도에 흔들리지 않도록 중심을 잡아야 하며, 보다 냉정하고 합리적인 사고로 행동해야 한다.

33 우량주는 쉽게 실망을 주지 않는다

보는 시각에 따라 다르겠지만 우리는 어떤 한 무리의 사람들을 대할 때, 그중에서 가장 먼저 눈에 띄는 대상에게 주목하게 된다.

미인이거나 키가 크거나 잘 생겼다거나 겉으로 보기에 부유층으로 보인다거나……

물론 사람은 겉과 속이 달라 첫인상으로 모든 것을 판단할 수는 없을 것이다. 그렇지만 우리는 은연중 첫인상으로 그 이상의 것을 가늠하고 평가하려는 심리가 있다.

처음 대하는 상품일 경우는 어떨까. 그 상품에 대한 정보나 경험이 없는 경우 한 가지 잣대로 선택하는 방법이 있다.

바로 그 상품이 사람들에게 선호되고 인기가 있는지를 살피는 것이다. 적어도 객관적인 방법에 가깝기 때문에 자신의 판단에 후회하는 일은 적다.

주식투자에도 한번쯤은 적용해볼 만한 방법이다. 경험이 없거나 매입에 앞서 망설여진다면 무엇보다 일등 기업의 우량주를 선택하라는 말이 있다.

우량주란 성장성과 수익성을 두루 갖춘 재무적 기반이 튼튼한 주식을 말하는데, 장기간 자금을 유지하려면 이를 선택하는 것이 낫다.

물론 업종 최하위 기업을 선택해도 단기적 수익은 발생한다. 하지만 주식투자는 안전이 우선시 되어야 한다는 생각이라면 성급한 판단과 모호한 기대만으로 행동할 수는 없다.

대형우량주인 블루칩 다음에 선호되는 것이 옐로우칩, 즉 중가 우량주이다. 블루칩이 기업의 초대형 우량주라면 옐로우칩은 그보다는 조금 못 미치는 우량주인 셈이다.

옐로우칩의 장점은 주가가 낮기 때문에 매입하는데 있어 가격의 부담이 적다는 데 있다. 그리고 유동물량이 많아 블루칩에 이은 실적장세 주도주로 평가받고 있기도 하다.

34 자신에게 맞는 투자방법이 효자이다

　주식투자에서 투자자들이 가장 알고 싶어 하는 것이자 핵심은 바로 '어떤 주식을 언제 매입해 언제 매도하느냐' 이다.

　그래서 수많은 노력들이 생겨난다. 정보를 선별하여 분석하고 넓은 주식시장의 흐름을 파악하고 가치 있는 투자를 실천하고 자신에게 맞는 종목을 유지하고 등등.

　또한 시세에 따라 움직이고, 숲을 보고 난 뒤에 나무를 보며, 자신의 형편에 맞게 투자하고, 적당한 거리를 유지하면서 실패를 두려워말 것이며, 계란을 한 바구니에 담는 어리석음은 범하지 말고, 과감한 손절매(주가가 더 하락할 것을 예상해 매입가격 이하로 파는 방법)와 함께 쉬고 있는 종목도 두루 살피며, 진정한 미인주인 실적우수 기업을 체크하고, 때로는 느긋하게 먼 곳을 보며 기다릴 줄도 알며, 자신에게 가장 알맞은 종목에 전력하라는 나름대로의 구호도 머리띠처럼 두른다.

　그 중에서도 무엇보다 절실한 것은 자신의 형편에 맞는 투자방법이고 자세이다. 투자에 앞서 당신의 지금

형편을 먼저 살피는 것이 급선무이고 절반의 성공을 그나마 보장받는 일이다.

만약에 투자에 욕심이 있어 자신의 모든 돈은 물론 남의 돈까지 끌어올 생각이라면 잠시 한 번 더 생각해보자는 것이다. 그에 따르는 실패라는 엄청난 결과에 대해서도 한 번쯤 짚어보는 것이 현명하다.

주식투자는 재테크의 한 방법이고 말 그대로 '투자'이다. 결코 '투기'가 될 수 없다는 뜻으로 신중하게 결정해야 한다. 반대로 자신이 결정했고 나름대로 자신감이 생겼다면 과감하게 뛰어드는 것도 역시 지혜이다.

다만 어떤 결정이든 자신의 현실과 형편에 맞는 것이 되어야 한다. 그것이 최소한의 대비책이다. 만약에 실패를 했을 경우 적어도 타격의 무게를 줄일 수 있다. 또한 다시 시작할 수 있는 여유를 그나마 갖는 일이기 때문이다.

35 주식투자에 성공하려면 쉬지 말고 연구하라

CNN머니에서 제공한 투자 노하우를 그대로 옮겨보았는데, 우리와 다른 면도 없지 않겠지만 충분히 참고하고 눈여겨 볼 만하다.

가장 먼저 강조한 것은 매월 일정금액을 적립식펀드에 투자하라는 것이다.

이를 통해 저가일 때 대량 구매하고, 고가일 때 적게 사는 비용절감의 효과를 누릴 수 있다는 지적이다. 또한 펀드를 선택할 때는 수수료 비용이 저렴한 곳을 찾아야 하는데 비용이 낮을수록 수익률이 높아지기 때문이다.

보유한 투자자산의 10% 이내에서만 투자하라고 충고를 한다. 그래야 전체 포트폴리오가 허물어지는 것을 막을 수 있기 때문이다. 또한 투자금액의 20% 정도는 해외 주식에 투자할 것도 권하고 있다.

일 년에 한 번씩은 포트폴리오상의 자산 배정을 다시 하라고도 한다. 이 역시 최종 수익률을 높일 수 있는 방법이기 때문이다.

주식 매입에 앞서 체크해야할 일에 대해서도 언급하고 있다.

주식을 고를 때 시가총액 상위의 성장 가능성이 높은 종목을 사라는 것이다. 시장이나 금리의 방향이 어떻든 가치 있고 질 좋은 대형주 위주로 선택해 장기간 투자하는 것이 최선이다.

그러나 무엇보다 중요한 것은 앞서도 강조했지만 자신에게 맞는 투자방식이고 자세이다. 주식투자에 올인을 하거나 목숨을 걸어서도 안 되며 하루 종일 맹목적으로 몰입돼 있어서도 안 된다.

부지런한 자세도 중요하지만 자신의 모든 것을 거는 일과는 달라야 한다. 배우자처럼 늘 곁에 있지만 때로는 적당한 거리를 두고 생각할 수 있는 존재가 되어야 한다.

부자가
되기 위한
가지 수칙
35

이원준 편역

초판 1쇄 발행 2007년 4월 23일
2쇄 발행 2007년 10월 20일

발행인 | 김경용
발행처 | 도서출판 작은씨앗
공급처 | 도서출판 보보스

주 소 | 서울시 종로구 사직동 262-8
전 화 | 02_333_3773
팩 스 | 02_333_7958
홈페이지 | www.bobosbook.co.kr
한글도메인 | 작은씨앗
출판등록 | 2003년 6월 24일 제 300-2004-187호

ISBN 978-89-90787-58-3 04320
978-89-90787-53-8 (세트)